Impressum
Verlag: BABADADA GmbH, Nedderfeld 112 , 22529 Hamburg
Geschäftsführer / Verlagsleitung: Harald Hof
Druck: Books on Demand GmbH, In de Tarpen 42, 22848 Norderstedt

Imprint
Publisher: BABADADA GmbH, Nedderfeld 112 , 22529 Hamburg, Germany
Managing Director / Publishing direction: Harald Hof
Print: Books on Demand GmbH, In de Tarpen 42, 22848 Norderstedt

el colegio
duɗal

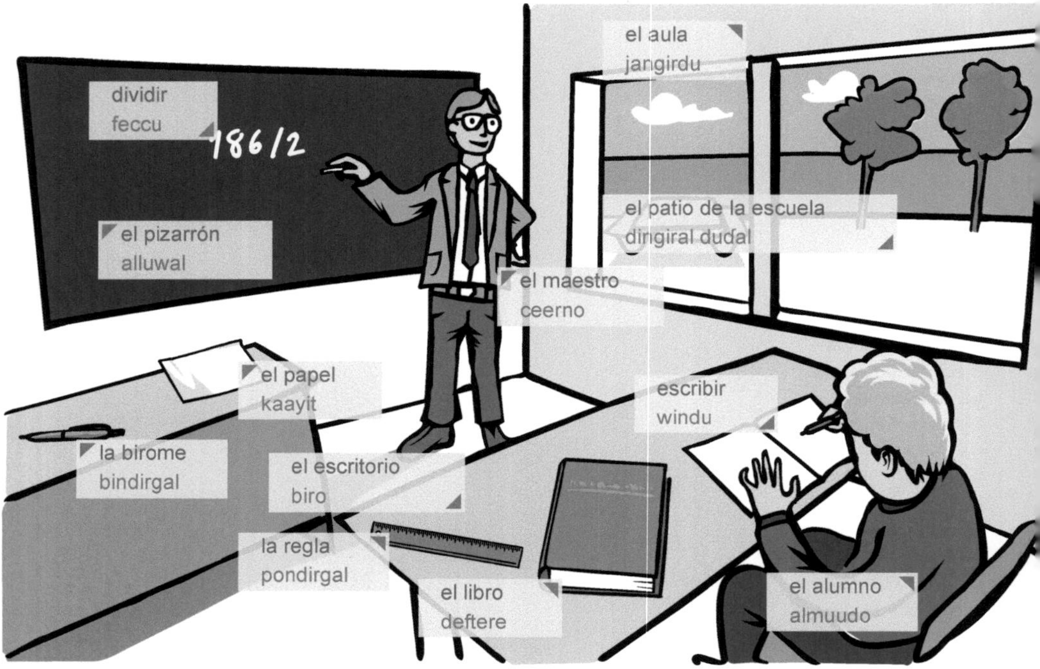
el aula
jangirdu
dividir
feccu
186/2
el pizarrón
alluwal
el patio de la escuela
dingiral duɗal
el maestro
ceerno
el papel
kaayit
escribir
windu
la birome
bindirgal
el escritorio
biro
la regla
pondirgal
el libro
deftere
el alumno
almuudo

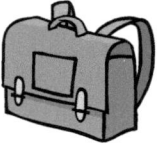

la mochila

sakosel

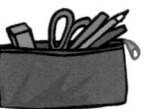

la caja de lápices

suudu kuɗol

el lápiz

kuɗol

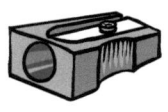

el sacapuntas

ceeɓnoowo kuɗol

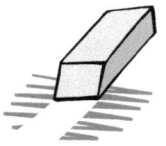

la goma (de borrar)

momtirgal

el bloc de dibujo

nokku diidirɗo

el dibujo
diidgol

el pincel
diidirgal

la caja de pinturas
suudu diidordu

la tijera
sisooje

el pegamento
kol

el cuaderno de ejercicios
deftere softinorde

la tarea
coftinogol

el número
tongoode

sumar
beydu

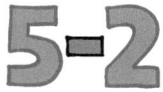

restar
ustu

multiplicar
hebbin

calcular
lim

la letra
bataake

el abecedario
hijju

la palabra
kongol

el texto

windande

leer

jangu

la tiza

bindirgal

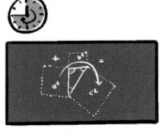

la lección

darsu

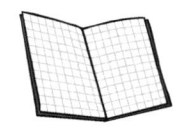

el cuaderno de clase

windaade

el examen

ÿeewtogol

el certificado

ijaazi

el uniforme escolar

wutte jaɲirɗo

la educación

jaŋde

la enciclopedia

ɗowitorde mawnde

la universidad

jaaɓi haatirde

el microscopio

mokoroskop

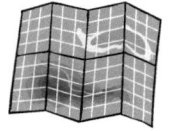

el mapa

wertaango

el tacho (de basura)

siwo mbalis

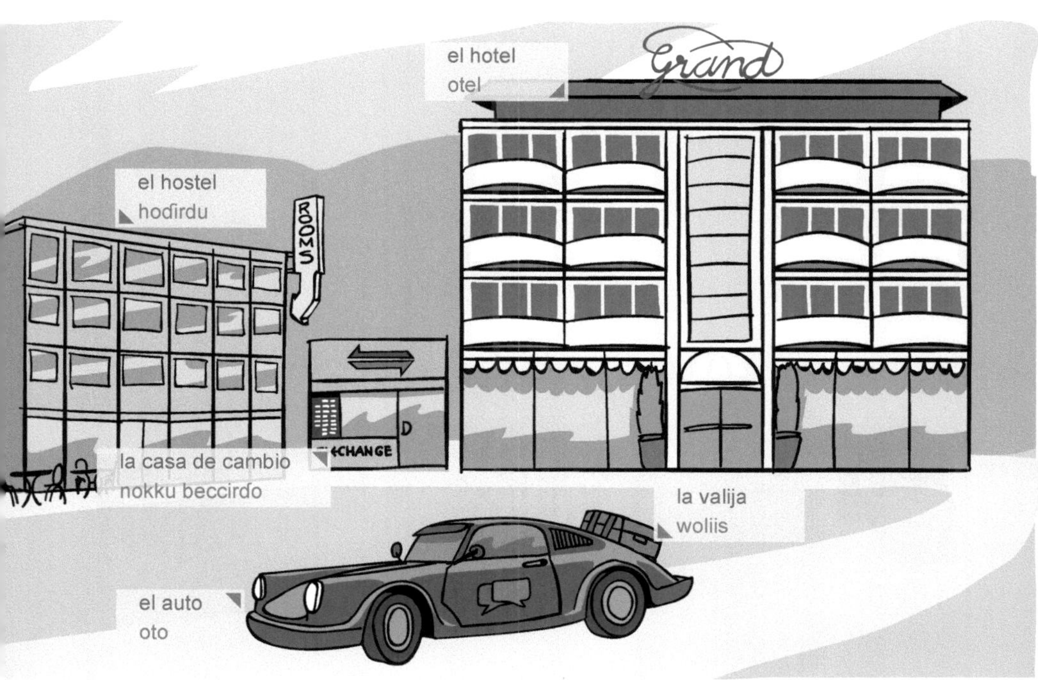

el hotel
otel
Grand
el hostel
hoɗirdu
ROOMS
la casa de cambio
nokku beccirɗo
CHANGE
la valija
woliis
el auto
oto

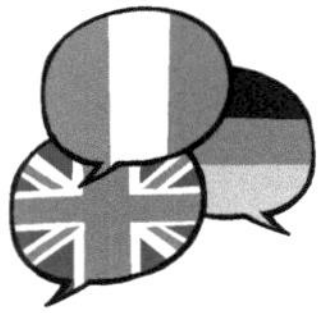

el idioma

ɗemngal

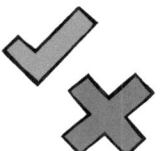

sí / no

ey / ala

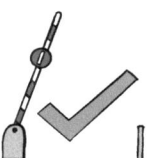

Está bien

Eyyo

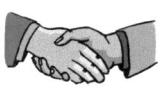

hola

mbaɗɗa

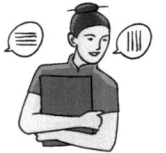

el traductor

pirtoowo

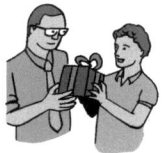

Gracias

jaraama

¿cuánto cuesta…?

hono foti...?

No entiendo

mi faamaani

el problema

satteende

¡Buenas tardes!

jam hiiri

¡Buenos días!

jam waali

¡Buenas noches!

jam waal

el adiós

baay baay

la dirección

ngardiindi

el equipaje

kaake

el bolso

saak

la mochila

saak bakke

el invitado

koɗo

la habitación

suudu

la bolsa de dormir

saak ɗaanorɗo

la carpa

taanta

a información turística

kabaaru jillotooɗo

la playa

palaaz

la tarjeta de crédito

kartal keredii

el desayuno

kasitaari

el almuerzo

bottaari

la cena

hiraande

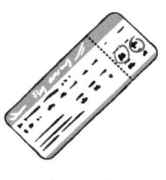

el pasaje

tikkett

el ascensor

suutde

el sello

tembere

la frontera

keerol

la aduana

soodoobe

la embajada

ambasaat

la visa

wiisa

el pasaporte

paaspoor

el transporte

yangarta

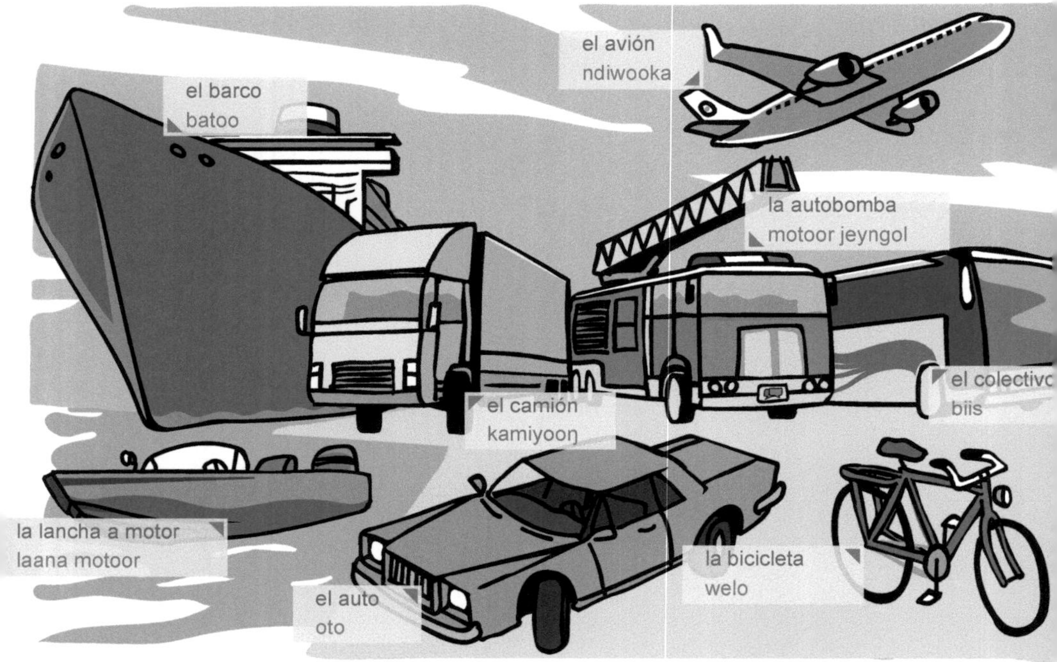

el avión
ndiwooka
el barco
batoo
la autobomba
motoor jeyngol
el colectivo
biis
el camión
kamiyooŋ
la lancha a motor
laana motoor
el auto
oto
la bicicleta
welo

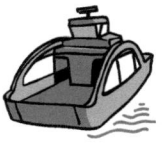

el ferry

baak

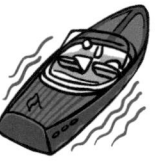

el bote

laana

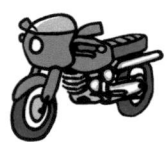

la moto

welo motoor

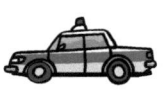

el patrullero

oto poliis

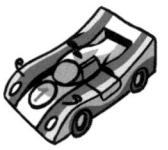

el auto de carreras

oto dandu

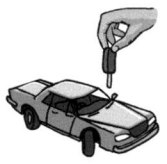

el auto de alquiler

otoluwaaɗo

el alquiler de autos

rendude oto

la grúa

lenge

el camión de la basura

kamiyooŋ salo

el motor

moto

la nafta

gaas

la estación de servicio

esaaseer

la señal de tránsito

maantorde tali

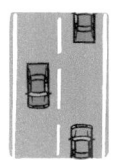

el tránsito

tali

el embotellamiento

bittugol tali

el estacionamiento

darnirde oto

la estación de tren

dartorde teree

las vías

laabi

el tren

teree

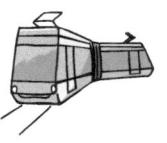

el tranvía

taraam

el vagón

nawgol

el helicóptero

elikooteer

el aeropuerto

aydapoor

la torre

huɓeere

el pasajero

jahoowo

el contenedor

kontaneer

la caja de cartón

kees

la carretilla

saret

la canasta

siwo

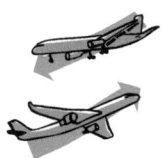

despegar / aterrizar

diw / tello

la ciudad

wuro

el pueblo

saare

el centro de la ciudad

hakkunde wuro

la casa

galle

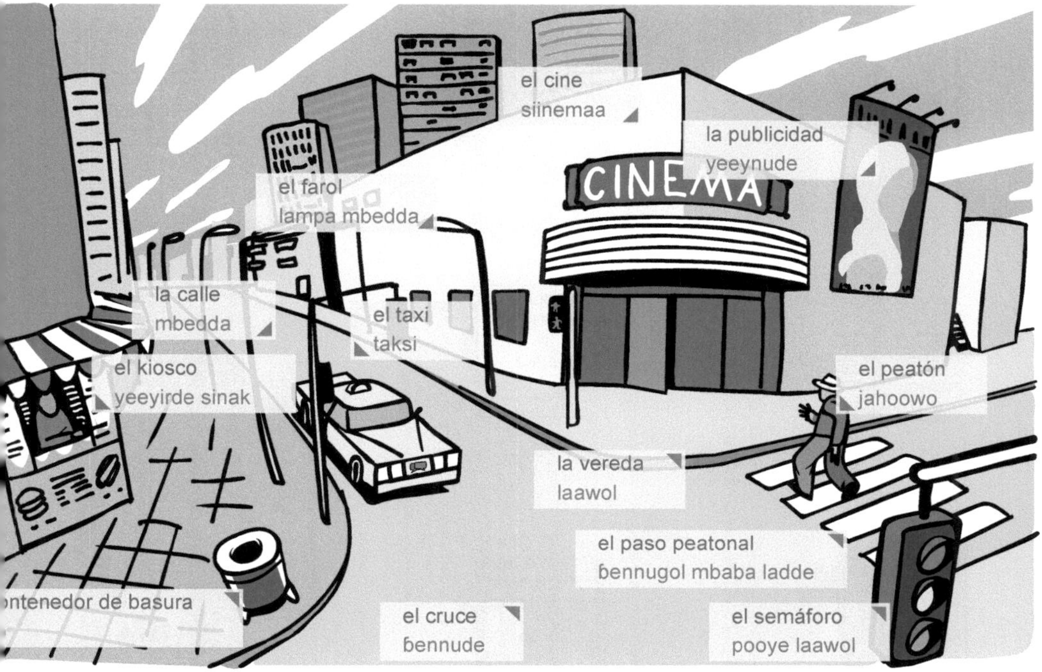
el cine
siinemaa
CINEMA
la publicidad
yeeynude
el farol
lampa mbedda
la calle
mbedda
el taxi
taksi
el kiosco
yeeyirde sinak
el peatón
jahoowo
la vereda
laawol
el paso peatonal
ɓennugol mbaba ladde
ntenedor de basura
el cruce
ɓennude
el semáforo
pooye laawol

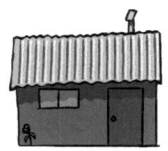

la cabaña

tiba

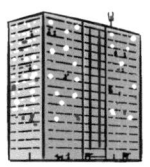

el departamento

hoɗorde

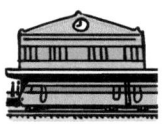

la estación de tren

dartorde teree

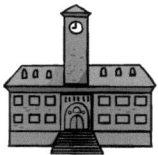

la municipalidad

meeri

MUSEUM

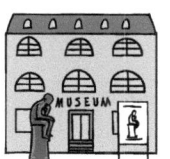

el museo

miise

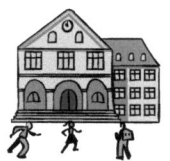

el colegio

duɗal

la universidad

jaaɓi haatirde

el banco

baŋke

el hospital

safrirdu

el hotel

otel

la farmacia

farmasii

la oficina

gollorde

la librería

yeeyirde defte

el negocio

yeeyirde

la florería

mo nehoowo leɗɗe

el supermercado

duggere

el mercado

jeere

las grandes tiendas

yeeyirde diiwaan

la pescadería

mo gawoowo

el centro comercial

nokku njeeygu

el puerto

telloorde

el parque

parka

el banco

joodorde

el puente

pooŋ

las escaleras

ŋabbirde

el subte

les leydi

el túnel

laawol les

la parada del colectivo

dartorde biis

el bar

baar

el restaurante

restoraaŋ

el buzón

suudu posto

el letrero

maantorde mbedda

el parquímetro

meetorde parka

el zoológico

nehirde kulle

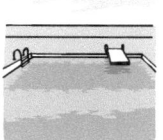

la pileta

pisiin

la mezquita

jumaa

la granja

ngesa

la contaminación

bonande

el cementerio

genaale

la iglesia

ekiliis

los juegos infantiles

dingiral

el templo

tempele

el paisaje

satto

la hoja
ɗerewol

el poste indicador
maantogal

el camino
laawol

la pradera
paraad

la piedra
haayre

el árbol
lekki

el excursionista
diwoowo

el río
caangol

la hierba
hudo

la flor
baramlefol

el valle

fongo

la montaña

tiwaande

el lago

weendu

el bosque

dundu

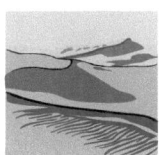

el desierto

ladde

el volcán

wolkaaŋ

el castillo

hoďorde

el arco iris

timtimol

el champiñón

wiiduru gaynaako

la palmera

lekki koko

el mosquito

bongu

la mosca

diw

la hormiga

ñuuñu

la abeja

ñaaku

la araña

njabala

el paisaje - satto

el escarabajo

karaab

la rana

paaɓa

la ardilla

jiire

el erizo

nguru paaɓa

la liebre

wojere

la lechuza

hooweere

el pájaro

ndiwri

el cisne

kankaleewal

el jabalí

fowru

el ciervo

lella

el alce

kooba

la presa

baaraas

el aerogenerador

seɗa hendu

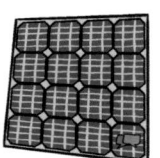

el panel solar

mbeɗu naange

el clima

kilimaaŋ

el restaurante
restoraaŋ

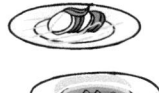

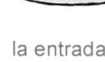

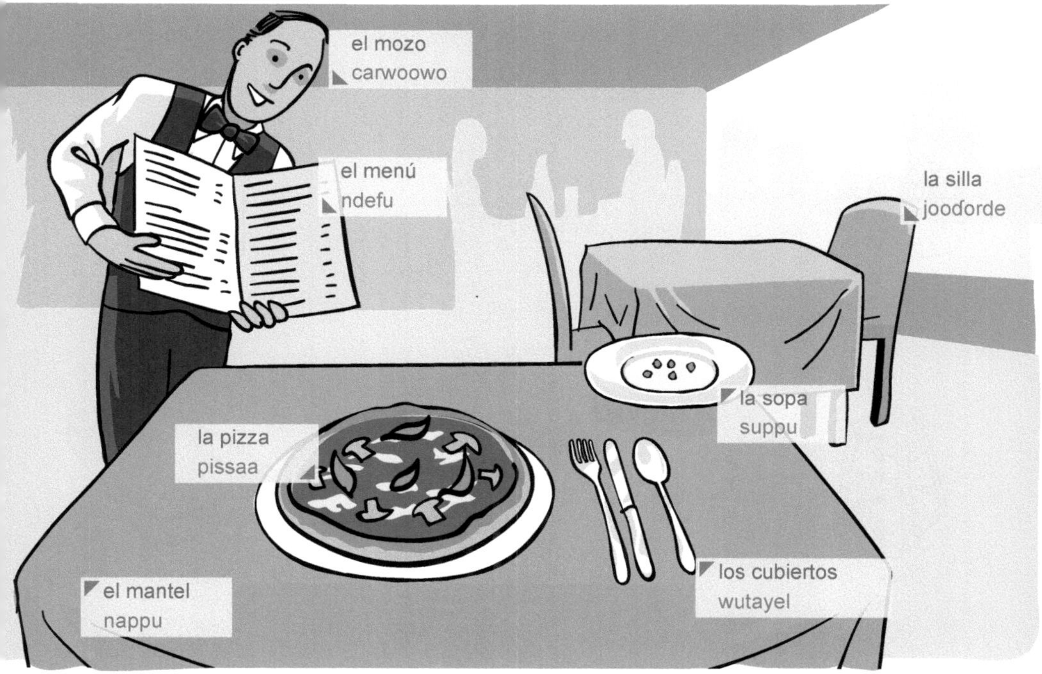
el mozo
carwoowo
el menú
ndefu
la silla
joodorde
la sopa
suppu
la pizza
pissaa
los cubiertos
wutayel
el mantel
nappu

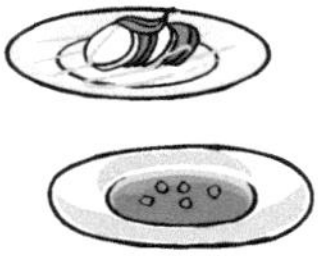

la entrada

puɗɗorɗo

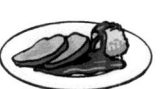

el plato principal

barme mawɗo

el postre

deseer

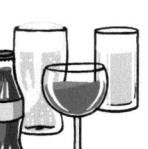

las bebidas

njarameeje

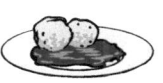

la comida

ñamri

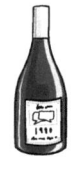

la botella

bitel

la comida rápida

fastfuut

la comida callejera

ñaamde mbedda

la tetera

pot ataaya

la azucarera

taasa suukara

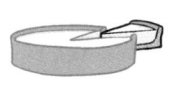

la porción

geɗal

la cafetera expreso

masiŋ esperesoo

la sillita alta

jooɗorde toownde

la cuenta

faktiir

la bandeja

terey

el cuchillo

paaka

el tenedor

fursett

la cuchara

kuddu

la cucharita

kuddu ataaya

la servilleta

torsooŋ

el vaso

weer

el restaurante - restoraaŋ

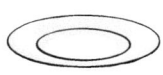

el plato

palaat

el plato hondo

palaat suppu

el plato

coosoowo

la salsa

soos

el salero

pot lamďam

el molinillo de pimienta

poobaar

el vinagre

wineegar

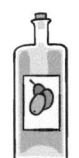

el aceite

diwliin

las especias

kaaniije

el kétchup

ketsoop

la mostaza

mutaarde

la mayonesa

maynees

el supermercado
duggere

la oferta especial
dokkal teentungal
el cliente
coodoowo
los lácteos
deftel
la fruta
ɓingel leggal
el changuito
saret
FOR

BUTCHERS

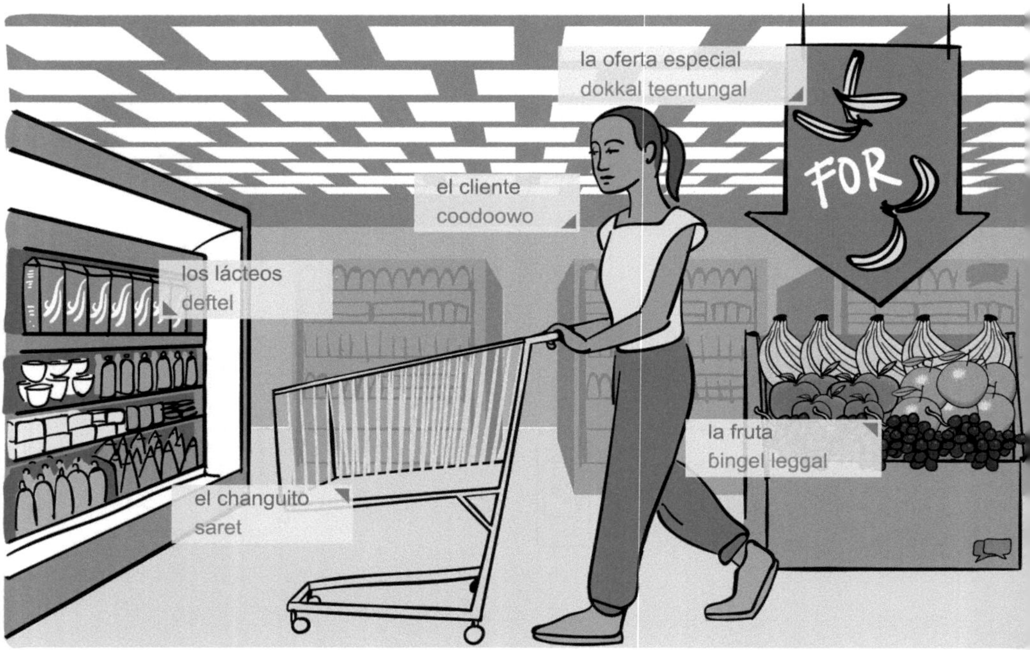

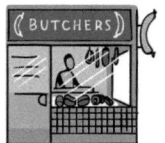

la carnicería

mo jeeyoowo teewu

BAKERY

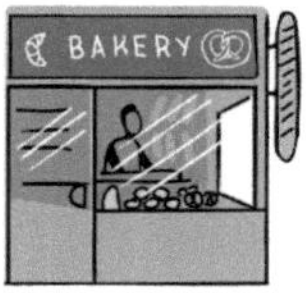

la panadería

mo piyoowo mburu

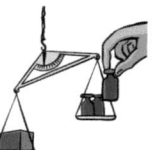

pesar

ɓett

las verduras

ɓiɓe leɗɗe

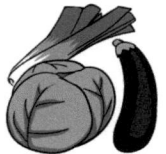

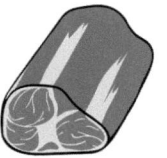

la carne

teewu

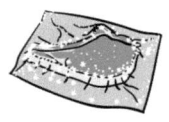

los alimentos congelados

ñamri fendiindi

los fiambres

teewu buubngu

los alimentos enlatados

ñamri

el detergente en polvo

omo

las golosinas

tangaleeji

los electrodomésticos

gede galle

los productos de limpieza

gede labbinooje

la vendedora

jeeyoowo

la caja

hippoode

el cajero

ngaluyanke

la lista de compras

limo soodetee

el horario de atención

waktuuji gudditeedi

la billetera

kalbe

la tarjeta de crédito

kartal keredii

la cartera

saak

la bolsa de plástico

saak dalli

el agua

ndiyam

el jugo

sii

la leche

kosam

la bebida cola

Koowk

el vino

sangara

la cerveza

sangara

el alcohol

alkol

el cacao

koka

el té

ataaya

el café

kafe

el café expreso

esperesoo

el cappuccino

kaputsiino

la banana

banaana

la manzana

pomere

la naranja

oraaŋs

el melón

dende

el limón

limoŋ

la zanahoria

karott

el ajo

laac

el bambú

bambuu

la cebolla

soblere

el champiñón

wiiduru gaynako

las nueces

gerte

los fideos

kodde

los tallarines

espaketii

el arroz

maaro

la ensalada

solaat

las papas fritas

sipse

las papas fritas

padaas pasnaaɗo

la pizza

pissaa

la hamburguesa

amburgoor

el sándwich

sandiis

el churrasco

tayre

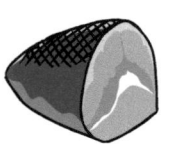

el jamón

heltinde

el salame

salaami

la salchicha

soosiis

el pollo

gertogal

el asado

juɗe

el pescado

liingu

los copos de avena

karaw

el muesli

miyesli

los copos de maíz

butaali makka

la harina

cafka

la medialuna

koraasaŋ

el pancito

loocol mburu

el pan

mburu

la tostada

mburu

las galletitas

mbiskit

la manteca

boor

la cuajada

caakri

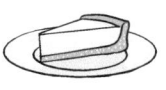

la torta

ngato

el huevo

boofoode

el huevo frito

bofoode defaaɗo

el queso

formaas

la comida - ñamri

el helado

kerem galaas

el azúcar

suukara

la miel

njuumri

la mermelada

piire

la pasta de chocolate

soosde sokola

el curry

kiri

la granja
ngesa

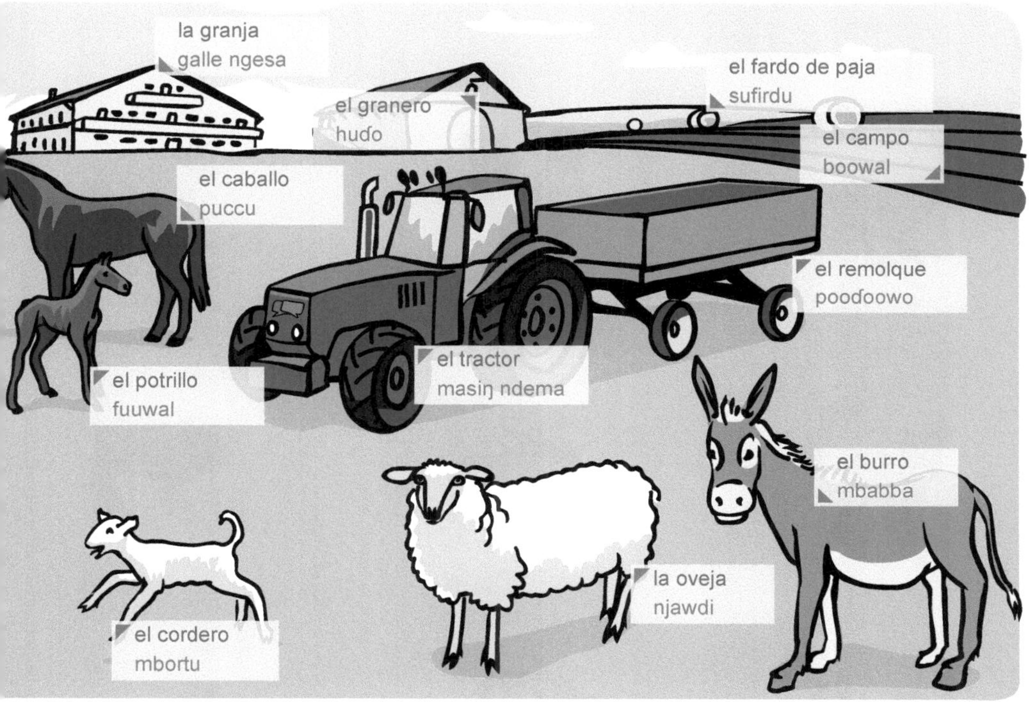

la granja
galle ngesa

el granero
huɗo

el fardo de paja
sufirdu

el campo
boowal

el caballo
puccu

el remolque
pooɗoowo

el potrillo
fuuwal

el tractor
masiŋ ndema

el burro
mbabba

el cordero
mbortu

la oveja
njawdi

la cabra
ndamndi

la vaca
ngaari

el ternero
ñale

el cerdo
mbaba tugal

el lechón
ɓingel tugal

el toro
ngaari

el ganso

jaawalal

el pato

jaawangal

el pollo

gertogal

la gallina

jarlal

el gallo

ngori

la rata

doombru

el gato

ulluundu

el ratón

dombru

el buey

ngaari

el perro

rawaandu

la cucha

suudu rawaandu

la manguera

lekki werte

la regadera

bitel ndiyam

la guadaña

jalo

el arado

jabbude

la granja - ngesa

la hoz

wafdu

la azada

caga

la horquilla

furset yettirɗo

el hacha

jambere

la carretilla

burwett

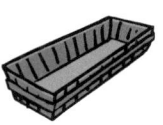

el abrevadero

jardugal

la lechera

bitel kosam

la bolsa

bonnude

la reja

heerorde

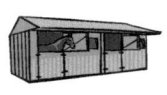

el establo

dari

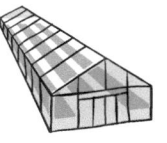

el invernadero

resofmaaŋ

el suelo

leydi

la semilla

aawdi

el fertilizador

engere

la cosechadora

rendin coñoowo

cosechar

soñ

la cosecha

coñal

las batatas

ñambi

el trigo

ndiyamiri

la soja

soozaa

la papa

padaas

el maíz

makka

la semilla de colza

aawdi adan

el árbol frutal

lekki ɓesnooki

la mandioca

kasaawa

los cereales

gawri

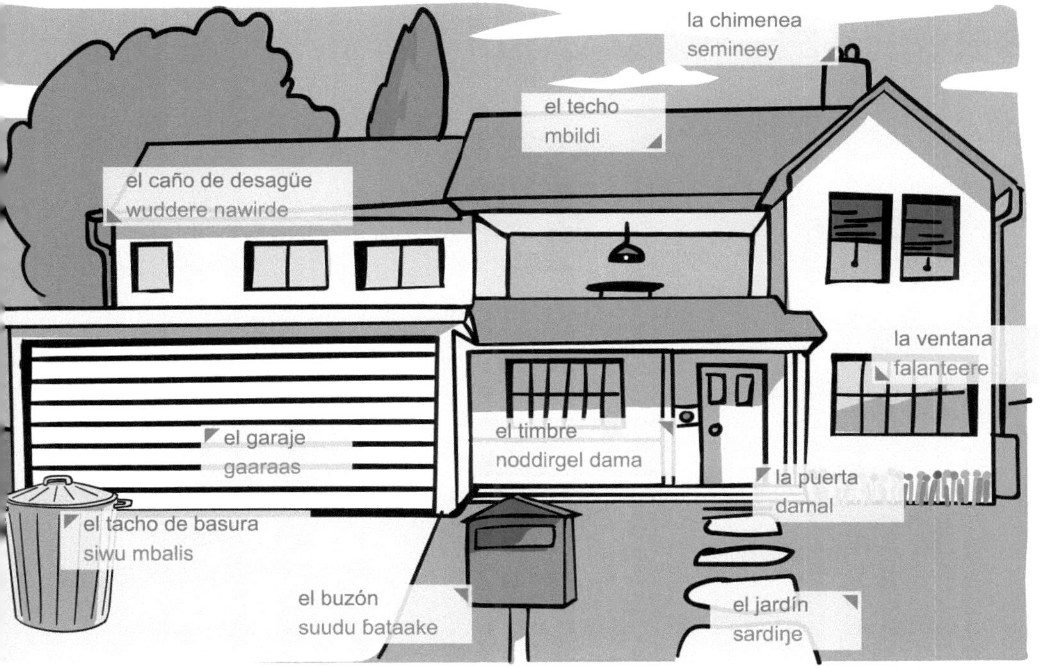

la chimenea
semineey

el techo
mbildi

el caño de desagüe
wuddere nawirde

la ventana
falanteere

el garaje
gaaraas

el timbre
noddirgel dama

la puerta
damal

el tacho de basura
siwu mbalis

el buzón
suudu bataake

el jardín
sardiŋe

el living

saal

el baño

lootorde

la cocina

waañ

el dormitorio

suudu lelteendu

el cuarto de los chicos

suudu suka

el comedor

suudu hirtordu

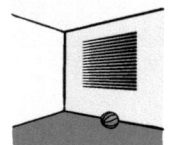

el piso

leydi

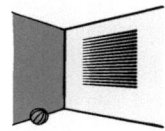

la pared

miir

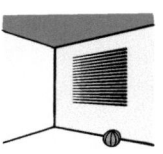

el cielorraso

dira

el sótano

masiŋel

el sauna

soona

el balcón

balkooŋ

la terraza

teeraas

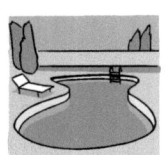

la pileta

pisin

la cortadora de pasto

tondoos

la sábana

kaayit

el acolchado

mbertanteeri

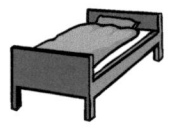

la cama

lelnde

la escoba

pittirɗe

el balde

siwoo

el interruptor

waylu

el living
saal

el empapelado
foodekaraŋ
la imagen
nattal
la lámpara
lampa
el estante
dow
el armario
baye
la televisión
lewe
la chimenea
fotekaaŋ
la flor
baramlefol
el almohadón
njegenaay
el sofá
soofaa
el florero
kaas
el control remoto
komaande

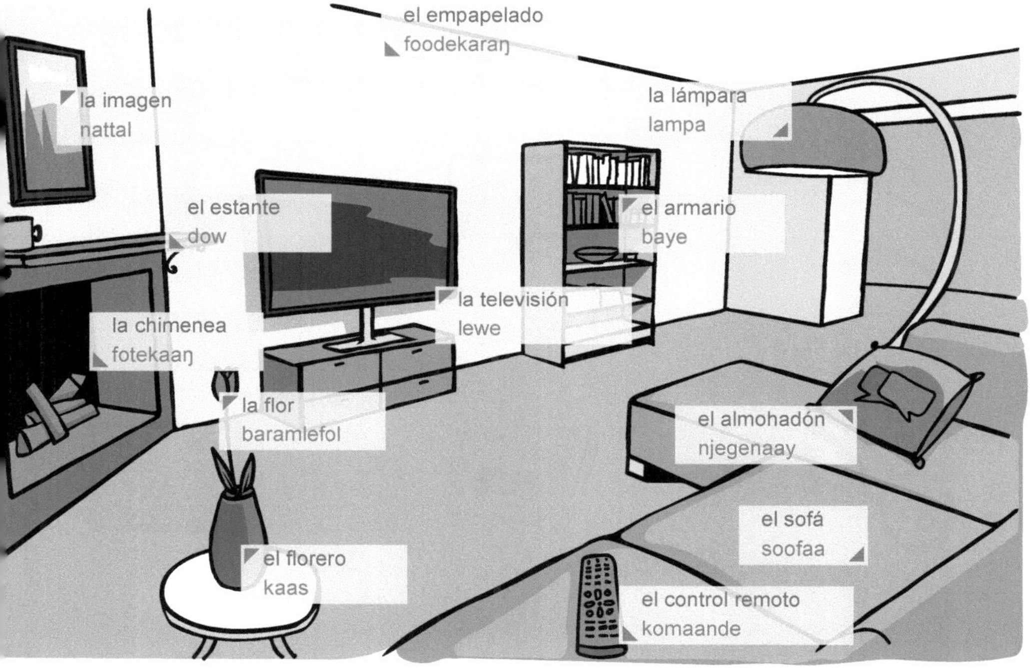

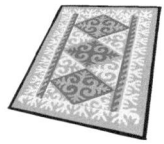

la alfombra

tappi

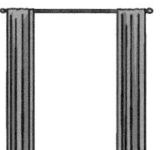

la cortina

rido

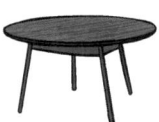

la mesa

taabal

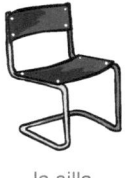

la silla

jooɗorde

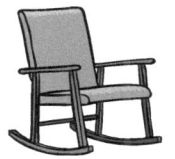

la mecedora

jooɗorde timmunde

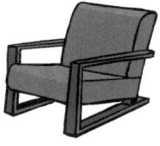

el sillón

tuggorde

el libro

deftere

la frazada

suddaare

la decoración

cinki

la leña

docotal

la película

filmo

el equipo de música

kuutorɗe hi-fi

la llave

caabi

el diario

jaaynde

la pintura

pentiirde

el póster

posteer

la radio

haalirde

el cuaderno

deftel mooftirgel

la aspiradora

ŋabbude

el cactus

siwo lekki

la vela

sondel

la cocina
waañ

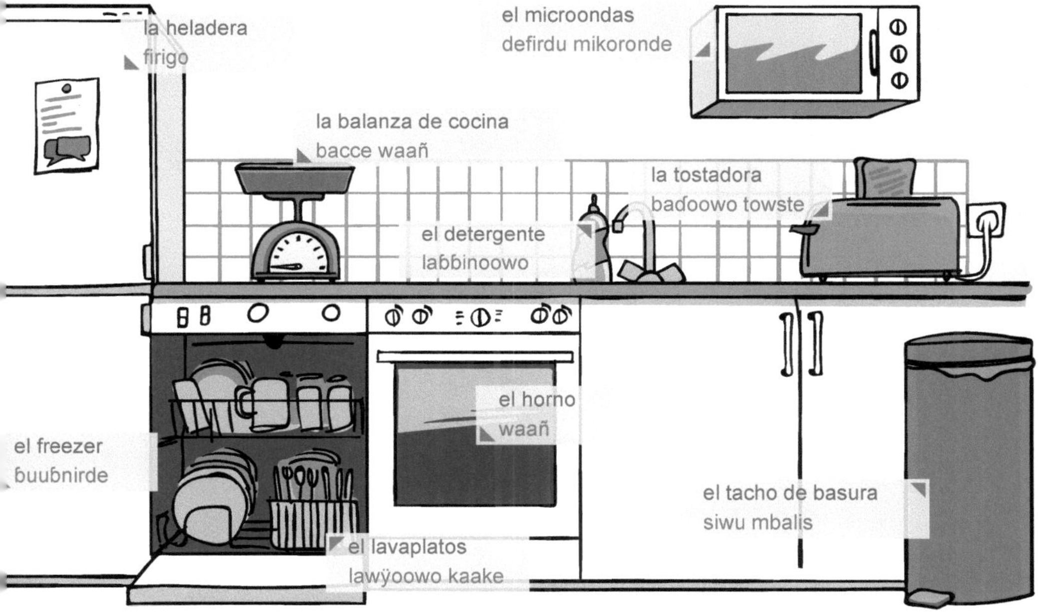
la heladera
firigo
el microondas
defirdu mikoronde
la balanza de cocina
bacce waañ
la tostadora
badoowo towste
el detergente
labbinoowo
el horno
waañ
el freezer
buubnirde
el tacho de basura
siwu mbalis
el lavaplatos
lawÿoowo kaake

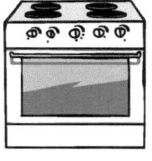

la cocina
....
defoowo

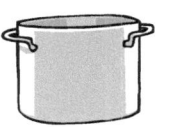

la olla
....
pot

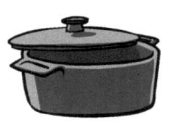

la olla de hierro fundido
....
pot baddo njamdi

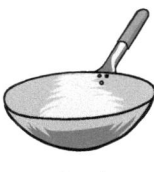

el wok
....
lehel

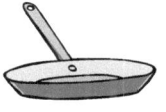

la sartén
....
lahal

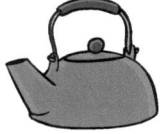

la pava
....
baraade

la vaporera

gulnoowo

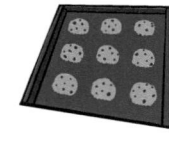

la bandeja de horno

fuur cumirɗo

la vajilla

wiisirde

la taza

kaas

el bol

taasa

los palitos

bakett

el cucharón

heɗirde

la espátula

kuundal

la batidora

burgal

el colador

gulnirɗo

el colador

pool

el rallador

koosoowo

el mortero

wowru

la parrilla

njuɗu

la fogata

lewlewndu

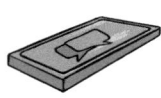

la tabla de picar

alluwal tayirgal

el palo de amasar

dullirgal

el sacacorchos

tenaay

la lata

potyel

el abrelatas

udditirɗo potyel

la manopla

jaggoowo pot

la pileta

lawÿirde

el cepillo

borisde

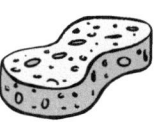

la esponja

epoos

la batidora

jiiɓoowo

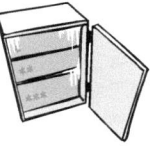

el congelador

firigo juutɗo

la mamadera

bitel tiggu

la canilla

robine

el baño

lootorde

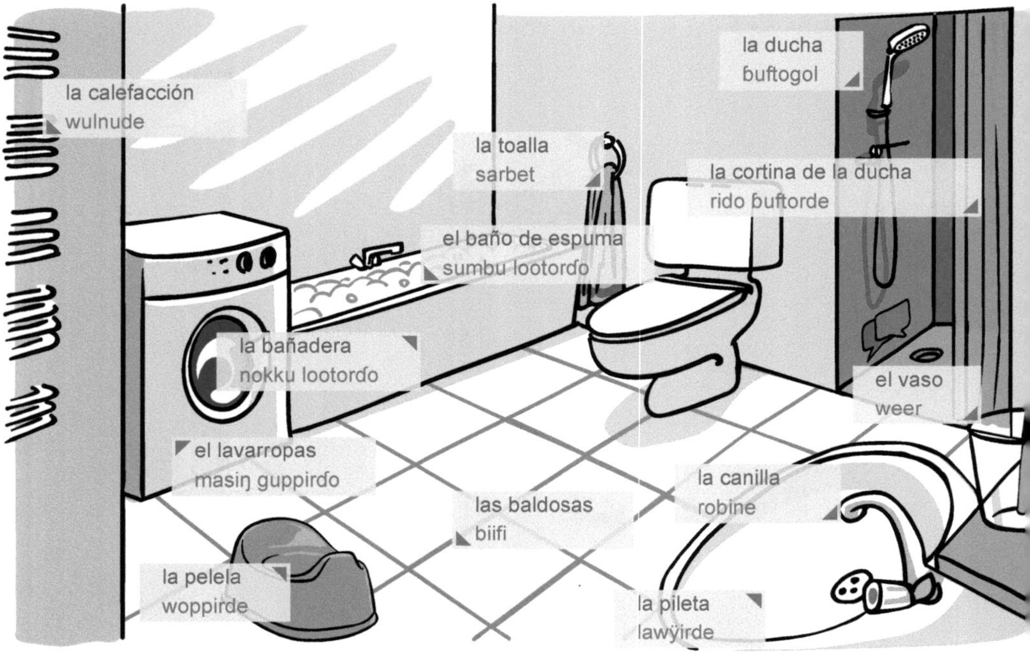
la calefacción
wulnude
la toalla
sarbet
la ducha
ɓuftogol
la cortina de la ducha
rido ɓuftorde
el baño de espuma
sumbu lootorɗo
la bañadera
nokku lootorɗo
el vaso
weer
el lavarropas
masiŋ guppirɗo
la canilla
robine
las baldosas
biifi
la pelela
woppirde
la pileta
lawƴirde

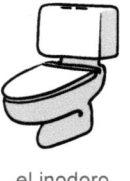

el inodoro

heblorde

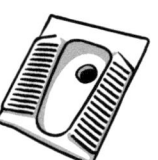

la letrina

yaltirde les

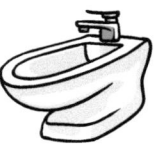

el bidé

yaltirde

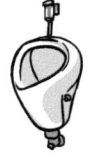

el mingitorio

soofirde

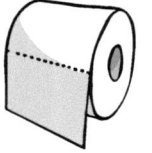

el papel higiénico

kaayit heblorde

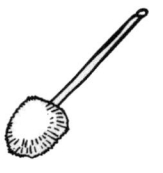

el cepillo para el inodoro

boros heblorde

el cepillo de dientes

boros ñiiÿe

el dentífrico

pat cocordo

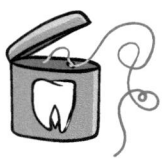

el hilo dental

cocorgal

lavar

lawyu

la ducha de mano

ɓuftorde jungo

la ducha higiénica

jampe

la palangana

taasa

el cepillo para la espalda

boros keeci

el jabón

saabunde

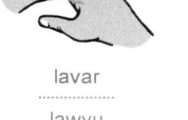

el gel de ducha

nebam ɓuftorde

el shampoo

sampoye

la toallita

lootogel

el desagüe

yupude

la crema

mileen

el desodorante

lati

el baño - lootorde

el espejo

daarogal

el espejito

daarogal jungo

la maquinita de afeitar

rasuwaar

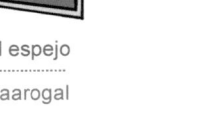

la espuma de afeitar

sumbu pemborɗo

el aftershave

lallitirde

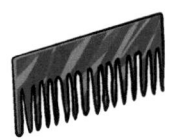

el peine

koomu

el cepillo

boros

el secador de pelo

yoorno hoore

el spray

uurna hoore

el maquillaje

makiyaas

el lápiz de labios

lippo

el esmalte para uñas

emaaye segene

el algodón

wiro

la tijera para uñas

sisooje segene

el perfume

parfooŋ

el portacosméticos

saawdu lawyirdu

la banqueta

kuudi

la balanza

bacce betirde

la bata

wutte lootorɗo

los guantes de goma

kawaseeje dalli

el tampón

tampooŋ

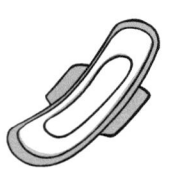

la toallita femenina

sarbet laɓɓinoorɗo

el baño químico

lootogol cellungol

el cuarto de los chicos

suudu suka

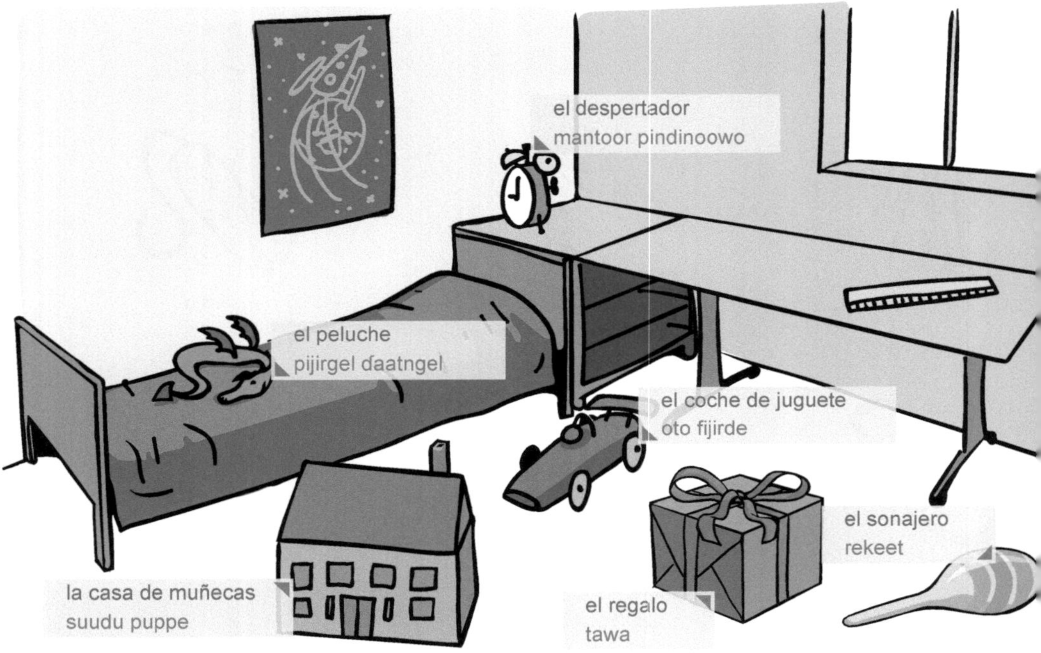
el despertador
mantoor pindinoowo
el peluche
pijirgel ɗaatngel
el coche de juguete
oto fijirde
el sonajero
rekeet
la casa de muñecas
suudu puppe
el regalo
tawa

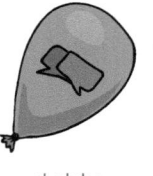

el globo

baloon

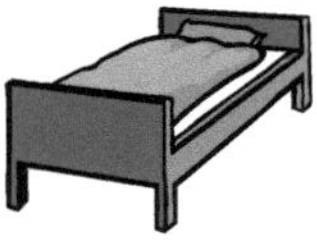
la cama

lelnde

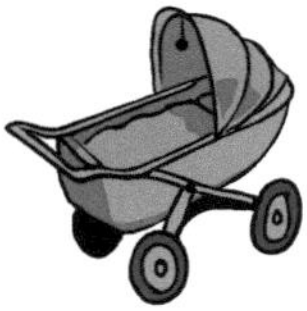
el cochecito

puus puus

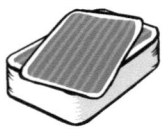

las cartas

taabal karte

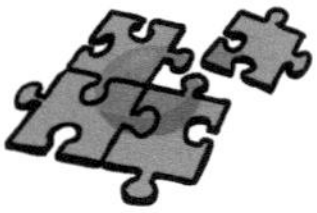
el rompecabezas

juwirgal

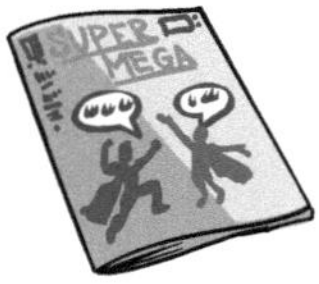
SUPER
MEGA
la historieta

jalnii

las piezas de lego

tuufeeje lego

los ladrillos de juguete

kaaÿe maadi

la figura de acción

pijirgel suka

el enterito (de bebé)

wutte suka

el frisbee

mbiifu

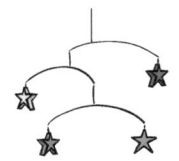

el móvil para bebés

noddirgel

el juego de mesa

fijirde alluwal

los dados

dee

el tren eléctrico

teren jahiroowo batiri

el chupete

daaydo

la fiesta

hiirde

el libro de cuentos ilustrado

deftere natte

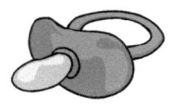

la pelota

bal

la muñeca

puppe

jugar

fij

el arenero

ngaska leydi

la hamaca

yirlude

los juguetes

pijirɗe

la consola de videojuegos

fijirde widoo peley

el triciclo

biifi tati

el osito de peluche

uluundu pijirgel

el armario

woliis

la ropa

ɓoornogol

las medias

kawaseeje

las medias panty

baardinirɗi

las calzas

dogirɗi

la bufanda
muurnorde

el paraguas
paraseewal

la remera
tiset

el cinturón
dadorde

las botas
bataaje

las pantuflas
pade joodorde

las zapatillas
dogirde

las sandalias
caraax

los zapatos
pade

las botas de goma
bataaje dalli

la ropa interior
cakkirdi

el corpiño
site ŋoos

el chaleco
weste

la ropa - boornogol   45

el body

bandu

los pantalones

tuuba

los jeans

jiin

la pollera

sippu

la blusa

buluus

la camisa

wuttel

el pulóver

piliweer

el buzo

njallaaba

el blazer

balaseer suka

la campera

jakett

el tapado

sabandoor

el piloto

wutte tobo

el traje

kossim

el vestido

robbo

el vestido de novia

wutte cuddungu

el traje

cakkirɗo

el camisón

robbo baaldudo

el pijama

baaluɗi

el sari

sari

el pañuelo para la cabeza

fiilorde

el turbante

kaala

la burka

misoor

el caftán

haftan

la abaya

abaaye

el traje de baño

lumborɗo

el short de baño

leɗɗe

los shorts

kilooti

el jogging

dewirɗi

el delantal

aparooŋ

los guantes

kawase

el botón

nebbu

los anteojos

lone

la pulsera

jawo

el collar

cakka

el anillo

feggere

el aro

hootonde

la gorra

laafa

la percha

jaggirgal sabandoor

el sombrero

kufna

la corbata

karwaat

el cierre

korsude

el casco

tengaade

los tiradores

jawe

el uniforme escolar

wutte jaŋirɗo

el uniforme

dadorɗo

el babero

nappu suka

el chupete

ɗaayɗo

el pañal

fooftini

la oficina
gollorde

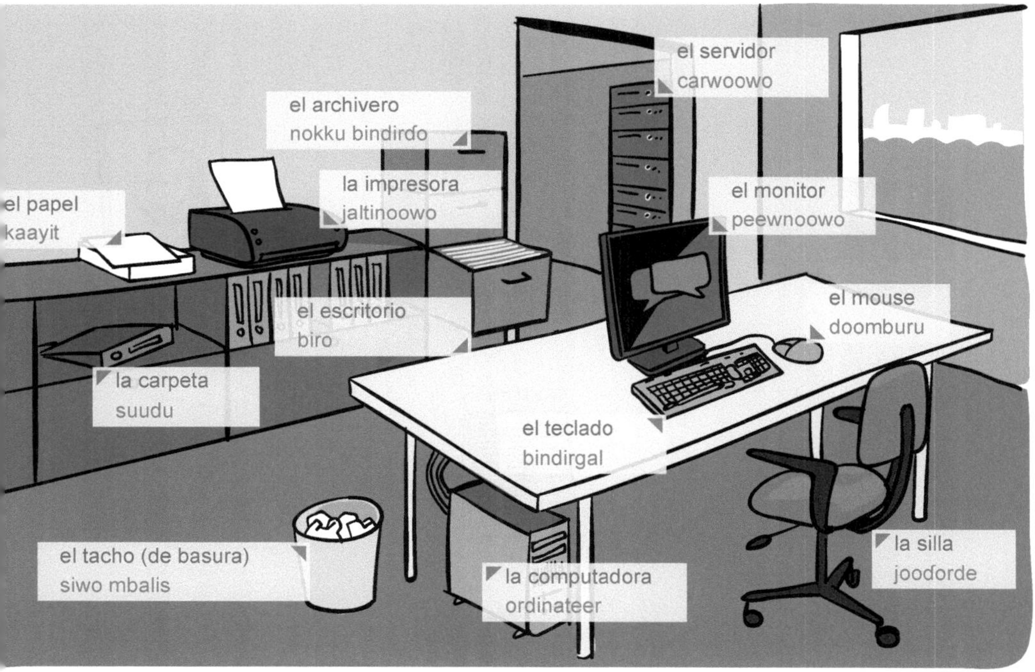

el servidor
carwoowo

el archivero
nokku bindirɗo

la impresora
jaltinoowo

el monitor
peewnoowo

el papel
kaayit

el mouse
doomburu

el escritorio
biro

la carpeta
suudu

el teclado
bindirgal

el tacho (de basura)
siwo mbalis

la silla
jooɗorde

la computadora
ordinateer

la taza de café

koppu kafe

la calculadora

tongirde

el internet

enternet

la laptop

ordinateer

la carta

bataake kaayit

el mensaje

bataake

el celular

noddirgel

la red

jokkondiral

la fotocopiadora

nandinoowo

el software

kuutorgel

el teléfono

noddirgel

el tomacorriente

piriis

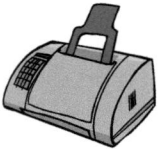

el fax

masiŋ faksii

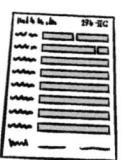

el formulario

sifaa

el documento

kaayit

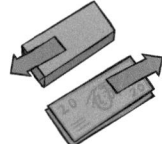
comprar
sood

pagar
yob

hacer negocios
yeey

el dinero
kaalis

el dólar
dolaar

el euro
oro

el yen
yeen

el rublo
ruubal

el franco suizo
siiwis farayse

el yuan
yuwaan renminbi

la rupia
ruppii

el cajero automático
nokku ngalu

la casa de cambio

nokku beccirɗo

el oro

kaŋe

la plata

kaalis

el petróleo

peteroŋ

la energía

doole

el precio

coggu

el contrato

jokkondiral

el impuesto

lempo

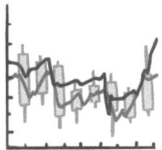

la acción

jeyii

trabajar

liggo

el empleado

liggotooɗo

el empleador

ligginoowo

la fábrica

isin

el negocio

yeeyirde

las ocupaciones
golle

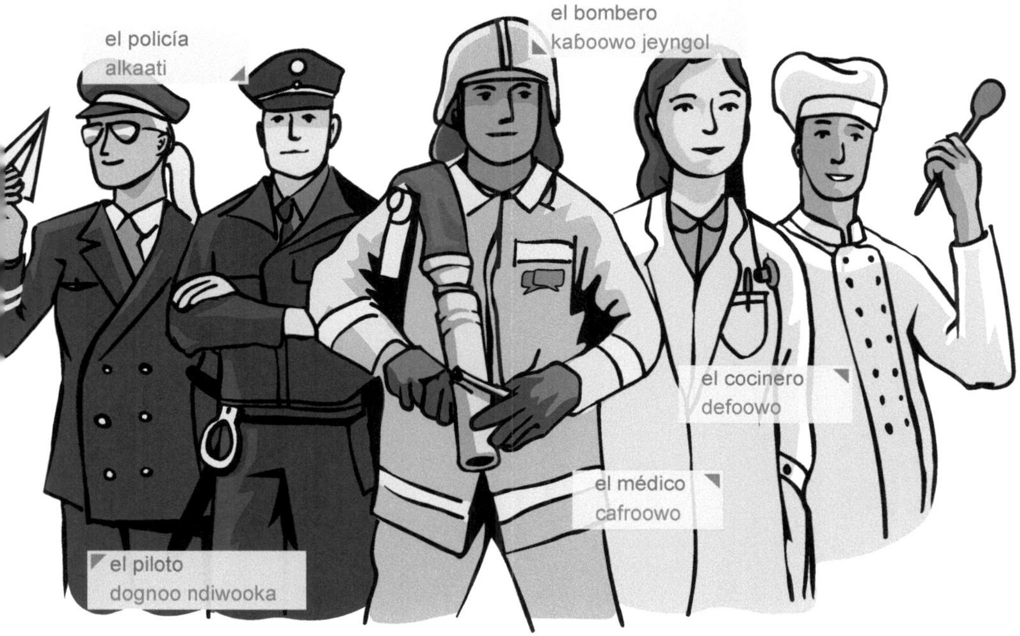
el policía
alkaati
el bombero
kaɓoowo jeyngol
el cocinero
defoowo
el médico
cafroowo
el piloto
dognoo ndiwooka

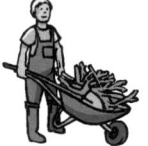

el jardinero

mooftoowo

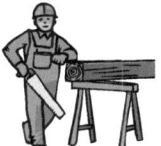

el carpintero

meniise

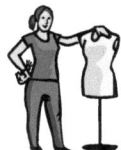

la modista

gawoowo debbo

el juez

ñaawoowo

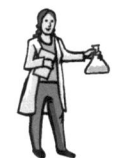

el farmacéutico

simiyanke

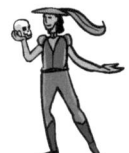

el actor

aktoor

el colectivero

diirnoowo biis

el taxista

diirnoowo taksi

el pescador

gawoowo

la mucama

debbo pittoowo

el techista

biloowo

el mozo

carwoowo

el cazador

baañoowo

el pintor

diidoowo

el panadero

piyoo mburu

el electricista

peewnoo jeyngol

el albañil

mahoowo

el ingeniero

eseñoor

el carnicero

buusee

el plomero

polombiyee

el cartero

neɗɗo posto

el soldado

soldaat

el arquitecto

arsitekte

el cajero

ngaluyanke

el florista

leɗɗeyanke

el peluquero

mooroowo

el cobrador

diirnoowo

el mecánico

peenoowo jamɗe

el capitán

gardiiɗo

el dentista

safroowo ñiiÿe

el científico

gando

el rabino

babbiin

el imán

almaami

el monje

muwaan

el sacerdote

neɗɗo alla

las herramientas
kuutorɗe

el martillo
maartoo
la tenaza
kofooje
el destornillador
tuurnawiis
la llave
tayoowo
la linterna
torsoo

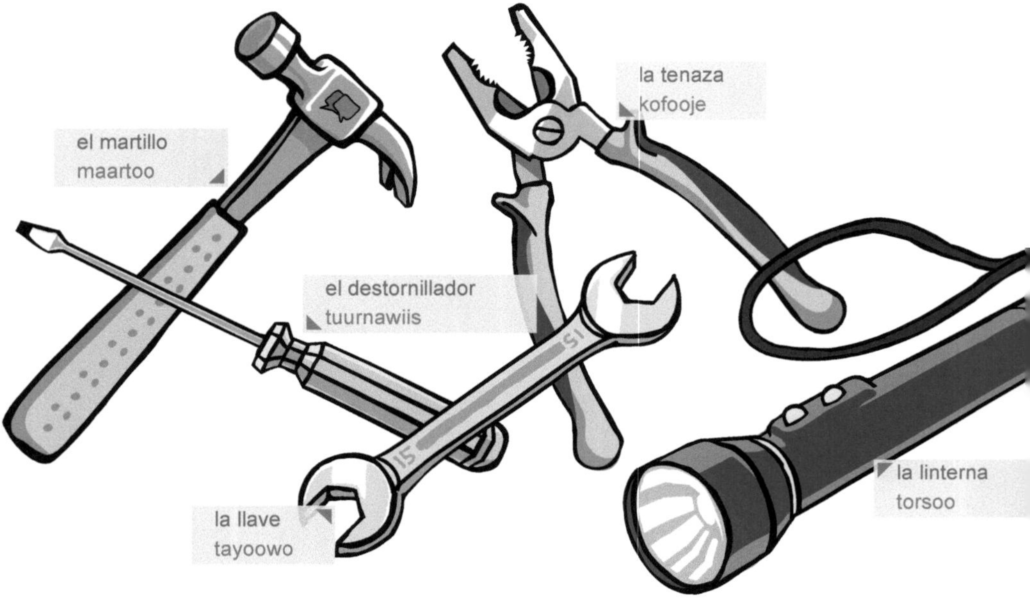

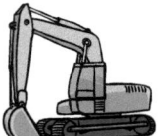

la excavadora

ngasirdi

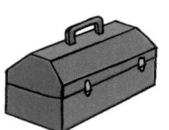

la caja de herramientas

suudu kuutorɗe

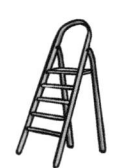

la escalera portátil

seel

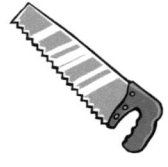

la sierra

siiy

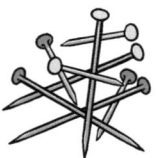

los clavos

pontooje

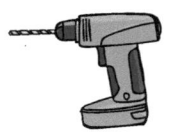

el taladro

yuwirde

arreglar
feewnit

la pala de jardín
nokkirde

¡Qué bronca!
sooot

la pala de plástico
peel

el tacho de pintura
pot diidirɗo

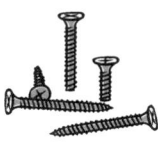

los tornillos
wiisuuji

los instrumentos musicales
pijirɗe

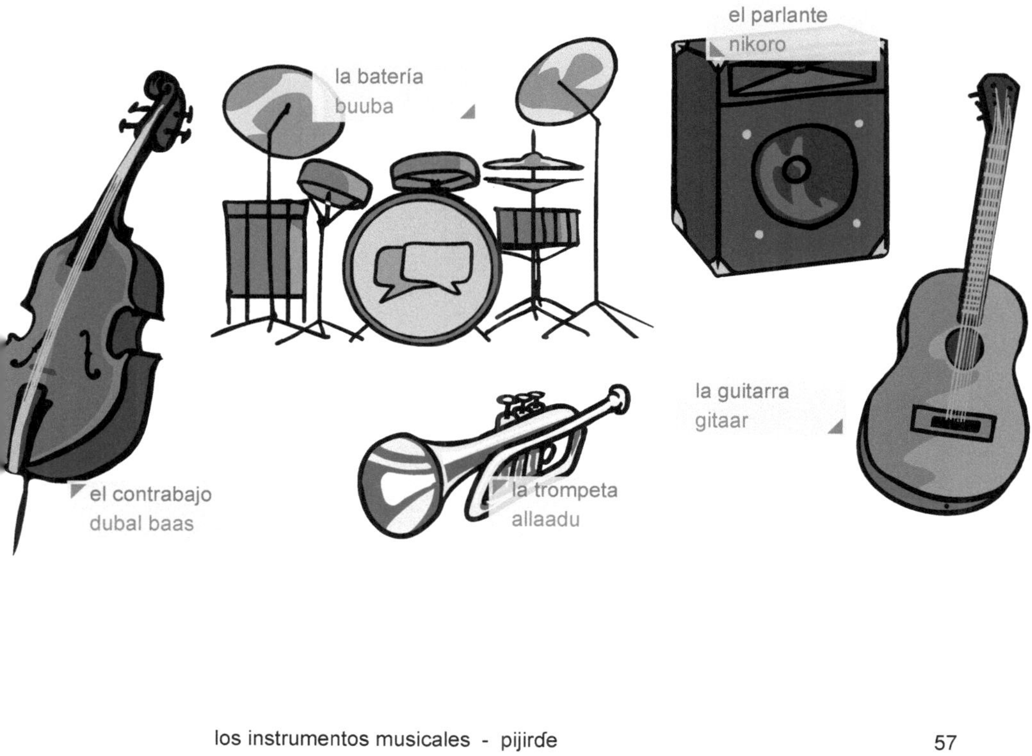

el parlante
nikoro

la batería
buuba

la guitarra
gitaar

el contrabajo
dubal baas

la trompeta
allaadu

el piano

piyaano

el violín

ñaañooru

el bajo

baas

los timbales

timpaan

el tambor

bawɗi

el teclado

bindirgal

el saxofón

saksofooŋ

la flauta

coolumbel

el micrófono

haaldude

los instrumentos musicales - pijirɗe

el zoológico
nehirde kulle

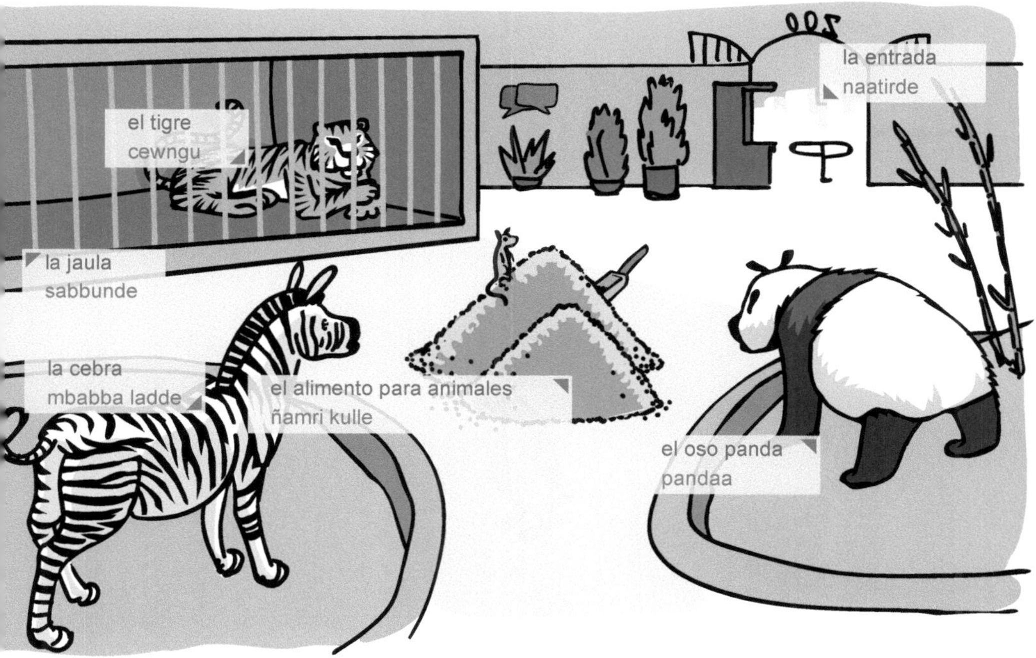
la entrada
naatirde
el tigre
cewngu
la jaula
sabbunde
la cebra
mbabba ladde
el alimento para animales
ñamri kulle
el oso panda
pandaa

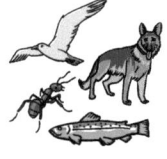

los animales
kulle

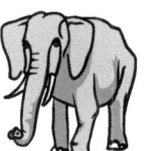

el elefante
ñiiwa

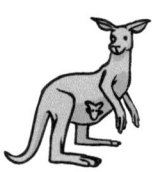

el canguro
kanguruu

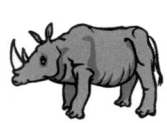

el rinoceronte
liwoongu

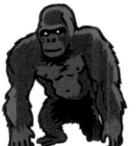

el gorila
waandu

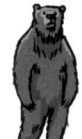

el oso
fowru

el camello

ngelooba

el avestruz

jaawagal

el león

mbaroodi

el mono

golo

el flamenco

ñaarpural

el loro

seku

el oso polar

fowru nees

el pingüino

peŋwee

el tiburón

reke

el pavo real

ngoriyal

la serpiente

mboddi

el cocodrilo

nooro

el cuidador del zoológico

deenoowo kulle

la foca

liingu

el jaguar

cewngu

el poni

molel puccu

el leopardo

cewlu

el hipopótamo

ngabu

la jirafa

ñamala

el águila

ciilal

el jabalí

fowru

el pescado

liingu

la tortuga

heende

la morsa

morsee

el zorro

daga

la gacela

lella

el fútbol americano
fugu koyngel Amarik

el ciclismo
welo

el tenis
teniis

el básquet
basket

la natación
lumbaade

el boxeo
bokse

el hockey sobre hielo
okey e galaas

el fútbol
fugu koyngel

el bádminton
badminton

el atletismo
dogduuji

el handball
fugu jungo

el esquí
eskiiy

el polo
polo

saltar
diw

abrazar
uurno

reír
jal

caminar
yah

cantar
yim

soñar
hoyɗu

rezar
juul

besar
ɓuuco

escribir
windu

dibujar
diid

mostrar
hollu

presionar
duñ

dar
rokku

tomar
naw

tener

jogo

hacer

waɗ

ser

won

estar parado

daro

correr

dog

tirar

ittu

tirar

weddo

caer

yan

estar acostado

fen

esperar

fad

llevar

naw

estar sentado

jooɗo

vestirse

ɓoorno

dormir

ɗaano

despertar

finn

mirar

ndaar

llorar

woy

acariciar

fiiy

peinar

koomu

hablar

haal

entender

faam

preguntar

naamdo

escuchar

hetto

beber

yar

comer

ñaam

ordenar

haɓɓu

amar

yiɗ

cocinar

def

manejar

diirnu

volar

diw

navegar

awyu

calcular

lim

leer

jangu

aprender

jangu

trabajar

liggo

casarse

res

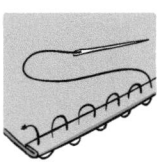

coser

aaw

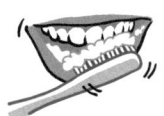

cepillarse los dientes

boris ñiiÿe

matar

war

fumar

simmo

enviar

neldu

la familia
ɓesngu

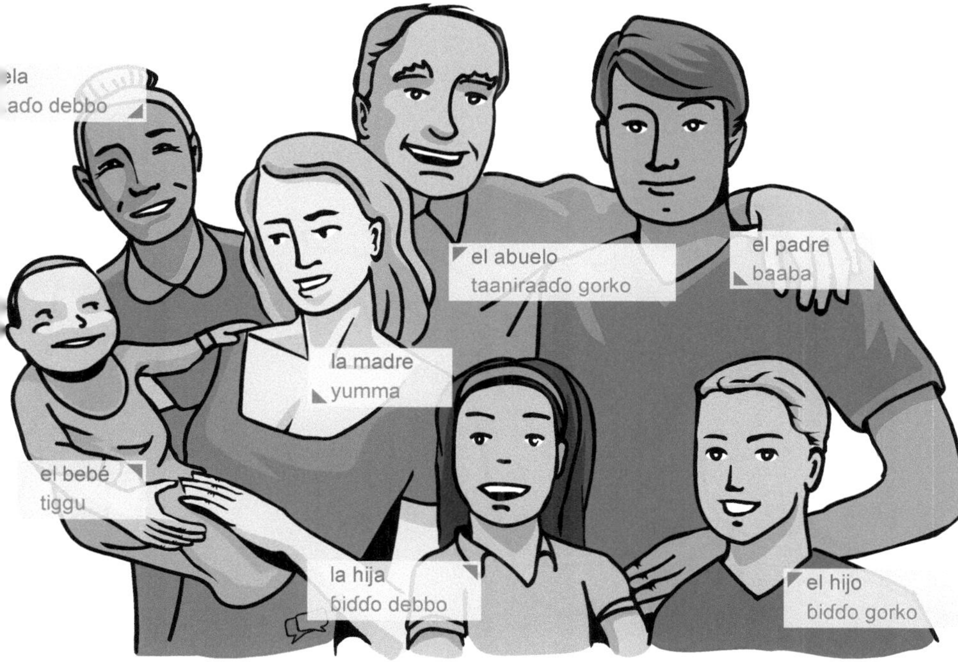

ela
aɗo debbo
el abuelo
taaniraaɗo gorko
el padre
baaba
la madre
yumma
el bebé
tiggu
la hija
ɓiɗɗo debbo
el hijo
ɓiɗɗo gorko

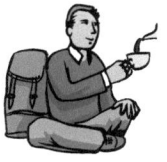

el invitado

koɗo

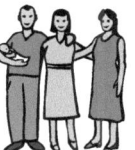

la tía

gogo

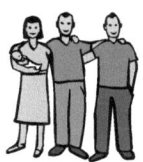

el tío

kaawiraaɗo

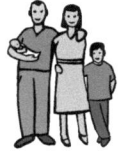

el hermano

mawniraaɗo gorko

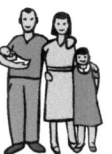

la hermana

mawniraaɗo debbo

el cuerpo

ɓandu

la frente
tiinde
el ojo
yitere
el hombro
walabo
el dedo
feɗeendu
la cara
yeeso
la pera
waare
la mano
jungo
la pierna
korlal
el pecho
endu
el brazo
jungo

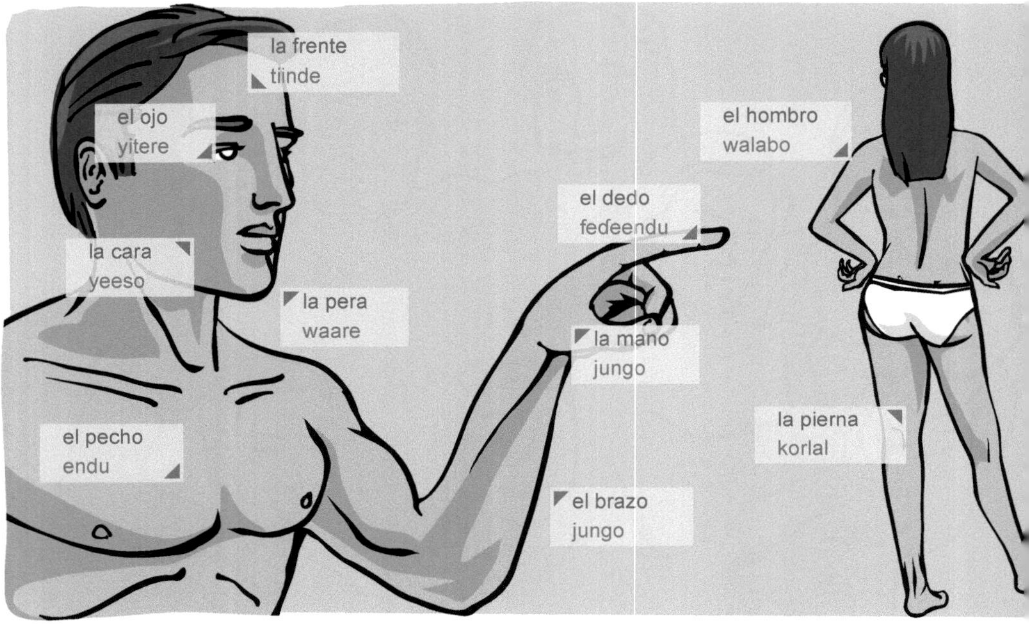

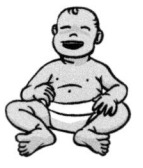

el bebé

tiggu

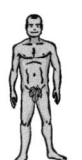

el hombre

gorko

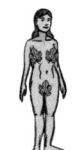

la mujer

debbo

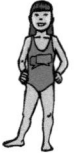

la nena

debbo

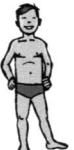

el nene

gorko

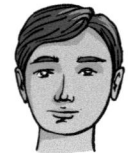

la cabeza

hoore

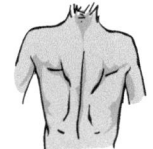

la espalda

keeci

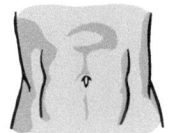

la panza

reedu

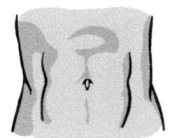

el ombligo

wudduru

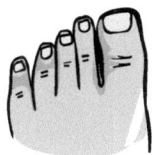

el dedo del pie

feɗeendu

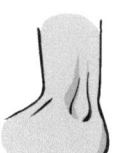

el talón

njaaɓordi

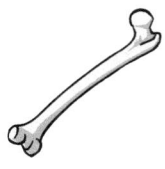

el hueso

ÿiyal

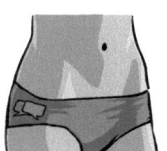

la cadera

buhal

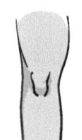

la rodilla

hofru

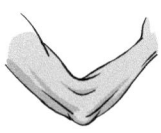

el codo

fooŋturu

la nariz

hinere

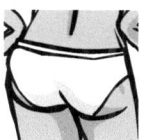

la cola

gaɗa

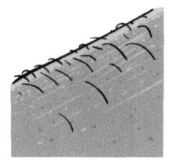

la piel

nguru

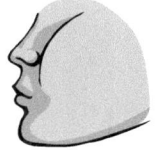

el cachete

aɓɓuko

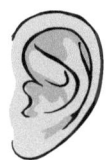

la oreja

nofru

el labio

tondu

la boca

hunuko

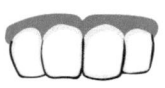

el diente

ñiire

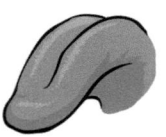

la lengua

demngal

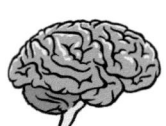

el cerebro

ngaandi

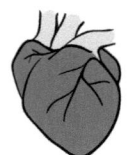

el corazón

bernde

el músculo

ÿiye

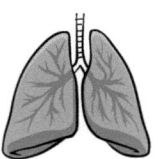

el pulmón

jofe

el hígado

heeñere

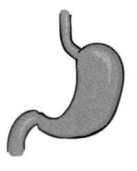

el estómago

kuuse

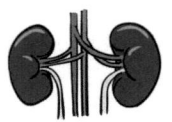

los riñones

booÿe

el sexo

leldaade

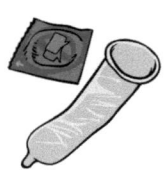

el preservativo

kawasal

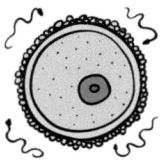

el óvulo

boccoonde

el semen

maniiyu

el embarazo

cowagol

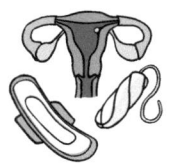

la menstruación
ella

la vagina
kottu

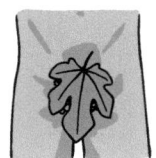

el pene
soolde

la ceja
leeɓol yitere

el pelo
sukundu

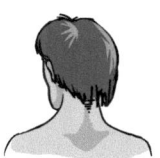

el cuello
daande

el hospital
safrirdu

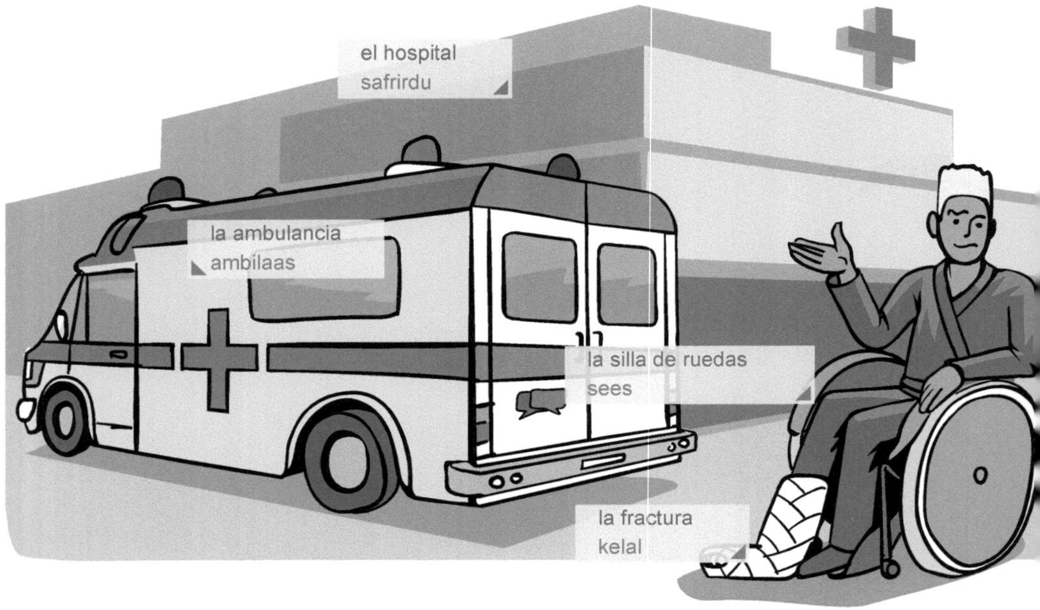

el hospital
safrirdu
la ambulancia
ambilaas
la silla de ruedas
sees
la fractura
kelal

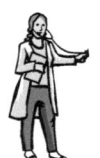

el médico

cafroowo

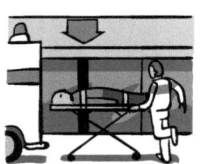

la sala de guardia

suudu heñaare

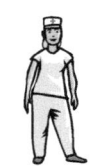

la enfermera

debbo cafroowo

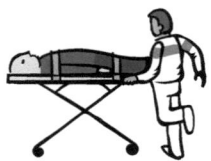

la emergencia

heñorde

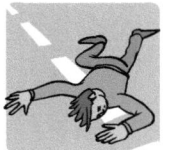

inconsciente

wondaane hakkile

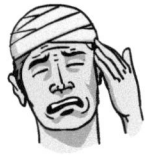

el dolor

muuseeki

la lesión
gaañande

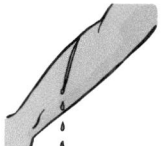

la hemorragia
tuɗde ÿiiÿam

el infarto
muuseeki ɓernde

el ACV
piigol

la alergia
nefo

la tos
ɗojjude

la fiebre
ɓandu wulooru

la gripe
pali

la diarrea
ndogu reedu

el dolor de cabeza
hoore muusoore

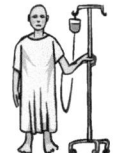

el cáncer
kaaseer

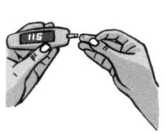

la diabetes
jabett

el cirujano
oppiroowo

el bisturí
jaggirdi

la operación
oppeere

la TC

CT

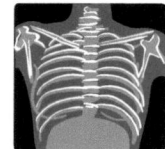

los rayos x

buuɗi x

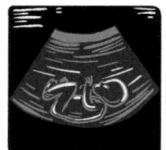

la ecografía

iltarasooŋ

el barbijo

huurirdu yeeso

la enfermedad

rafi

la sala de espera

heblorde

la muleta

beeke

la curita

tabak

la venda

bandaas

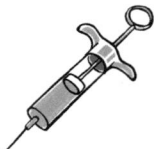

la inyección

pinggu

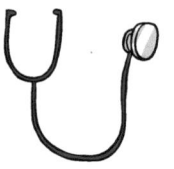

el estetoscopio

estetoskop

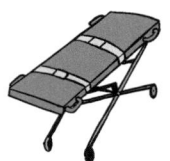

la camilla

pooɗoowo

el termómetro

termomeeter safrirdu

el nacimiento

jibinande

el sobrepeso

ɓuttiɗgol

el audífono

ballal nanirɗe

el desinfectante

labbinoowo

la infección

raabo

el virus

wiriis

el VIH / SIDA

SIDAA

el remedio

lekki

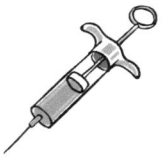

la vacunación

ñakko

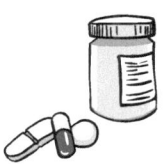

los comprimidos

podɗe

la pastilla anticonceptiva

foɗɗere

llamada de emergencia

noddaango heñiingo

el tensiómetro

ÿeewtorde yaadu ÿiiyam

enfermo / sano

faawŋi / selli

¡Ayuda!

Ballal

la alarma

pindinoowo

la agresión

njangu

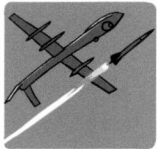

el ataque

raaŋande

el peligro

boomre

la salida de emergencia

yaltirde yaawnde

¡Fuego!

Jeyngol

el matafuego

ñifoowo jeyngol

el accidente

aksida

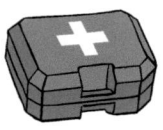

el botiquín de primeros
auxilios

saawdu safaara gadano

el SOS

SOS

la policía

poliis

Europa

Orop

América del Norte

Amarik Rewo

América del Sur

Amarik Worgo

África

Afirik

Asia

Aasi

Australia

Ostaraali

el Atlántico

Atalantik

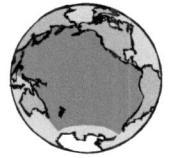

el Pacífico

Pasifik

el Océano Índico

Maayo Endo

el Océano Antártico

Maayo Antarkatik

el Océano Ártico

Maayo Arkatik

el polo norte

Baŋe Rewo

el polo sur

Baŋe Worgo

la Antártida

Antarkatik

la Tierra

Leydi

la tierra

leydi

el mar

maayo

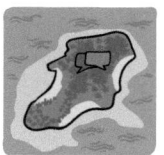

la isla

siire

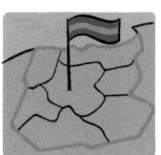

la nación

wuro

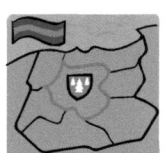

el estado

laamu

la esfera

yeeso waktu

la manecilla de las horas

jungo waktu

el minutero

jungo hojoma

el segundero

jungo majaango

¿Qué hora es?

hol waktu?

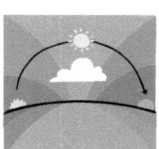

el día

ñalawma

la hora

saha

ahora

jooni

el reloj digital

mantoor nattoowo

el minuto

hojoma

la hora

waktu

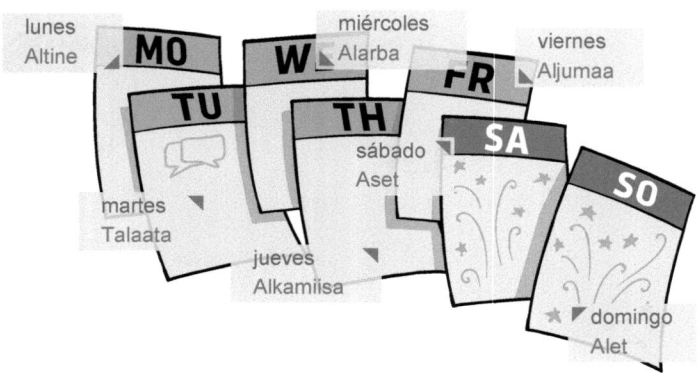

lunes
Altine

miércoles
Alarba

viernes
Aljumaa

martes
Talaata

sábado
Aset

jueves
Alkamiisa

domingo
Alet

ayer

hanki

hoy

hande

mañana

jango

la mañana

subaka

el mediodía

ñalawma

la tarde

kikiiɗe

los días hábiles

biir

el fin de semana

ñalɗi

la lluvia
toɓo

el arco iris
timtimol

la nieve
nees

el viento
hendu

la primavera
demminaare

el otoño
ndunngu

el verano
ceeɗu

el invierno
dabbunde

4.APRIL	11°	
5.APRIL	4°	
6.APRIL	13°	
7.APRIL	8°	
8.APRIL	10°	

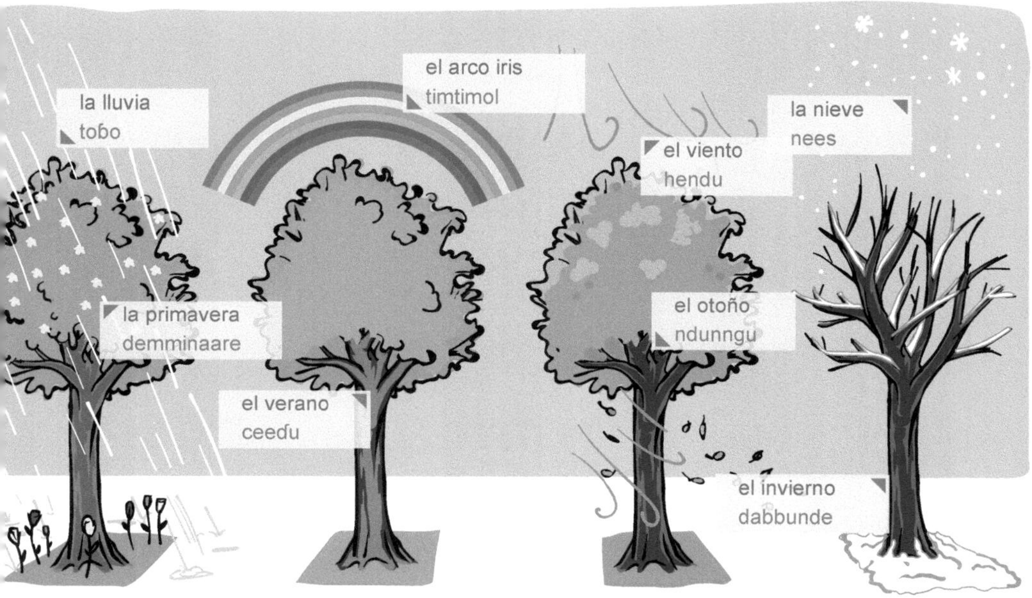

ronóstico meteorológico

kabaaru weeyo

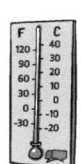

el termómetro

termomeeter

la luz del sol

naaŋini

la nube

ruulde

la niebla

cuurki

la humedad

uddeende

el rayo

majje

el trueno

gidaango

la tormenta

hendu

el granizo

huɗɗni

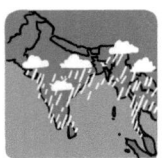

el monzón

ruulɗini

la inundación

waame

el hielo

nees

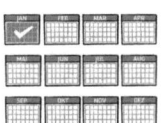

enero

Siilo

febrero

Colte

marzo

Mbooy

abril

Seeɗto

mayo

Duuyal

junio

Korse

julio

Morse

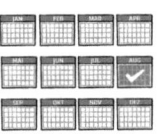

agosto

Juko

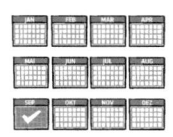

septiembre
....
Siilto

octubre
....
Yarkoma

noviembre
....
Jolal

diciembre
....
Bowte

las formas

balli

el círculo
....
taarto

el cuadrado
....
yaajeendi

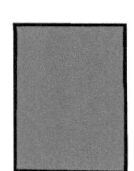

el rectángulo
....
yaajo

el triángulo
....
saraandi

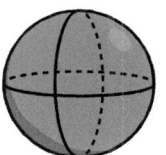

la esfera
....
mbiifu

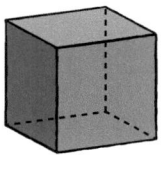

el cubo
....
kiibb

colores
sifaaji

blanco

daneejo

amarillo

oolo

naranja

oraas

rosa

roos

rojo

boɗeejo

violeta

mboongu

azul

bulaajo

verde

werte

marrón

cooyo

gris

puro

negro

ɓaleejo

mucho / poco

heewi / seeɗa

enojado / tranquilo

seki / deeyi

lindo / feo

yooɗi / soofi

el principio / el fin

fuuɗorde / gasirde

grande / chico

mawɗo / tokooso

claro / oscuro

leeri / niɓɓiɗi

hermano / la hermana

naniraaɗo / miñiraaɗo

limpio / sucio

laaɓi / tunwi

completo / incompleto

timmi / manki

el día / la noche

ñalawma / jamma

muerto / vivo

maayi / wuuri

ancho / angosto

yaaji / faaɗi

comestible / no comestible

nano / nanotaako

malo / amable

boni / moÿÿi

entusiasmado / aburrido

softi / yoomi

gordo / flaco

ɓuttiɗi / sewi

primero / último

adi / wattindi

el amigo / el enemigo

sehil / gaño

lleno / vacío

heewi / ɓolɗi

duro / blando

muusi / weeɓi

pesado / liviano

teddi / hoyi

el hambre / la sed

heege / ɗomka

enfermo / sano

faawŋi / selli

ilegal / legal

wona laawol / laawol

inteligente / estúpido

feerti / muddiɗi

izquierda / derecha

nano / ñaamo

cerca / lejos

ɓatti / woɗɗi

nuevo / usado

keso / kiiɗɗo

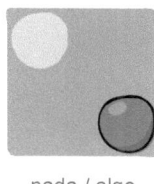

nada / algo

ndiga / huunde

viejo / joven

nayeejo / suka

encendido / apagado

huɓɓi / ñifii

abierto / cerrado

uditi / uddii

silencioso / ruidoso

deeÿi / dille

rico / pobre

alɗi / waasi

correcto / incorrecto

goonga / fenaande

áspero / suave

tiiɗi / nooyi

triste / contento

metti / weli

corto / largo

raɓɓidi / juuti

lento / rápido

leeli / yaawi

mojado / seco

leppi / yoori

caliente / frío

wuli / ɓuuɓi

guerra / paz

hare / jam

los opuestos - ceeri

0	**1**	**2**
cero	uno	dos
ndiga	gooto	điđi

3	**4**	**5**
tres	cuatro	cinco
tati	nay	joy

6	**7**	**8**
seis	siete	ocho
jeegom	jeeđiđi	jeetati

9	**10**	**11**
nueve	diez	once
jeenay	sappo	sappoy goo

12

doce

sappoy điđi

13

trece

sappoy tati

14

catorce

sappoy nay

15

quince

sappoy joy

16

dieciséis

sappoy jeegom

17

diecisiete

sappoy jeeđiđi

18

dieciocho

sappoy jeetati

19

diecinueve

sappoy jeenay

20

veinte

noogaas

100

cien

teemedere

1.000

mil

ujunere

1.000.000

el millón

miliyooŋ

los números - pinđe

el inglés

Aŋale

el inglés americano

Aŋale Amarik

el chino mandarín

Mandare Siinaaɓe

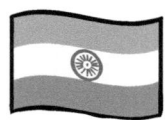

el hindi

Hindi

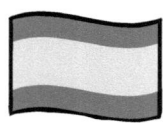

el español

Espaɲool

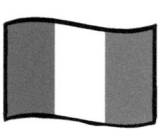

el francés

Farayse

el árabe

Arab

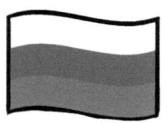

el ruso

Riis

el portugués

Portigees

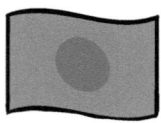

el bengalí

Bengali

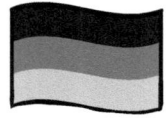

el alemán

Almaa

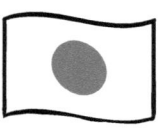

el japonés

Sapponee

yo

miin

vos

an

él / ella

kanko / kanko / kanum

nosotros

minen

ustedes

onon

ellos

kamɓe

¿quién?

holoon?

¿qué?

holɗuum?

¿cómo?

holnoon?

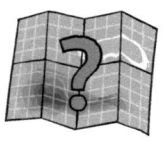

¿dónde?

holtoon?

¿cuándo?

mande?

el nombre

inde

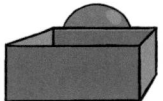

detrás

caggal

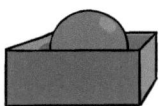

en

nder

adelante de

sawndo

por encima de

dow

sobre

e

debajo de

les

al lado de

sara

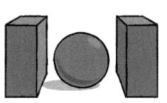

entre

hakkunde

el lugar

nokku